中华诵·经典素读教程系列

中华国学课本

ZHONGHUA GUOXUE KEBEN

第五册

张庆华 主编

三年级 ________ 班

姓名 ____________

中 华 书 局

顾　问

舒　悦　梁结银

主　编

张庆华

副主编

李　纯　张美如

编　委

张庆华　李　纯　张美如　谭曦文

徐　宏　廖洪毅　付晶晶　郑曼虹

责任编辑

祝安顺

装帧设计

刘　丽　王喜华

目录

古诗

古文

声　律

编者的话

教育部2012年发布的最新修订版《小学语文课程标准》前言写道："语文课程还应通过优秀文化的熏陶感染，提高学生的思想道德修养和审美情趣，使他们逐步形成良好的个性和健全的人格，促进德、智、体、美诸方面的和谐发展。"《标准》还要求小学生背诵160篇优秀诗文。《中华国学课本》的编写，就是希望通过将丰富精深的传统文化内容课时化、情趣化、游戏化，让小学生寓学于玩，从而广泛深入地实践新语文课程标准。编写《中华国学课本》的目标，在于让孩子从道德评价、风俗习惯、交往礼仪、生活常识等方面去感受中华传统文化的独特魅力，使当代小学生能在学习过程中，正视祖国优秀的传统文化，吸取其精华，陶冶完美人格，开发自身的主体智慧，使识字、阅读、记忆、观察、思维、判断、想象、体能、灵感等方面的潜能得到更为科学、更为高效的开发和培养。

一、教材编写

（一）科学借鉴，精选适度

我们在编写教材时，尽可能实现如下目标：内容可读性强、编排线索简明、序列清晰、便于学生诵读和学习。通过对教材教法的研究，我们在"度、量、正、懂"四字上进行了反复斟酌。

1. 度： 要讲求分寸的把握。少儿传统文化学习要做到适当、适度、适宜、适合。课本所编选的诗歌、古文、韵文等，内容贴近儿童的生活，朗朗上口，便于记诵。

2. **量**：《中华国学课本》编选内容量的确定是以不增加学生学习负担为前提的。教材每册定位20课时，课文20篇，其中古诗6首，古文10篇，韵文4篇。一首诗一般最多56字，一段短文50字左右，韵文如《声律启蒙》节选80多字，都在课堂中完成学习，当堂读、背、画完成后，不再布置其他作业。

3. **正**：《中华国学课本》课程的教学目标是对少年儿童进行德育与智育，尤其是情感的培养和陶冶，把真善美的东西教给孩子们。

4. **懂**：我们是在引导学生初知或粗知的基础上来安排学习、诵读的。具体做法是，让学生初知一点，不深究。在学习过程中，凡是能够让学生开心地学、爽朗地读、创造性地嬉戏的形式，都是可以尝试的。

（二）内容丰富，设计创新

在编写时，我们也注意到了课堂教学的规范性和开放教学的灵活性：低年段内容的选编，多以表现儿童生活内容的篇章为主；中高年段则根据学生的认知能力和接受程度，编选优秀传统文化中有关为人处世、修身养性的篇目。编选时，尽量做到不与其他教科书内容重复。版块设置介绍如下：

1. **诵读**：诵读的方式可以是开放的，多种多样的，节奏读、韵律读、音乐读、相声版、京戏版、夫子版等都可以采用。

2. **注释**：设置注释的目的是帮助学生理解，因此对妨碍理解的字、词进行简洁的注释。

3. **诗意体悟**：本着浅显易懂、浅入浅出的原则，讲解诗文的内容和特色，让学生能基本了解即可，教学时也只是点到为止。

4. **阅读提示**：针对所选课文的内容和特点，进行具体的阅读指导。

5. **创意空间**：本版块的设置体现了体验化教学设计，课堂上师生一起以读、聊、诵、吟、画、玩的形式来进行学习。比如低年段的“我会这样涂涂画画”、中高年段的“诗情画意显身手”（我可以涂画、作诗、写对联）等，就是用读来完成学、用玩来理解意、用涂鸦等独特的创造和嬉戏，来表达和体现各自的情等，真正做到让学生体悟在诗意里，成长在无限的创造活动情趣中，既开发语言功能，又激发想象能力。

6. **汉字寻根和书写练习**：设置本版块，是希望学生通过观察、了解、欣赏、书写汉字，培养其对祖国汉字文化的喜爱之情，通过寻字、赏字、评字、写字，让学生从小养成眼中观字、心中想字、脑中记字、手写好字的优良习惯。“汉字寻根”只在古文部分设置。

7. **国学常识**：国学常识是对课文内容的补充和拓展。每册设置3课，所选均为中国人应知应会的国学常识，提供给学生自学，教师不进行讲解。

二、教学方法，易于操作

通过对教材的编选和教学实践，逐渐形成了系统完整、便于操作的教学模式——五步教学法，具体做法是：

1. **课前游戏学**：依据儿童爱玩的天性，在课前利用1—3分钟，让小组长或学习委员领同学一起吟诵、读唱、编演游戏。

2. **课中趣味学**：一看注释读，二想故事或典故读，三看阅读提示读。一是不加不减字；二是读准字音有韵味。

3. **同学玩读学**：彰显儿童的玩耍嬉戏之趣，让学生用自己喜欢的方式诵读，如节奏明快朗诵版、稚趣横溢相声版、摇头晃脑夫子版、韵律和声吟诵版等。

4. **师生同聊学**：师生同聊的课堂，聊中品读聊出情、聊中戏玩聊出趣、聊中感悟聊出智，让师生在课堂中，都能以轻松自如的状态去表达，去传递，去交流，去碰撞。

5. **诗情画意学**：课本设置有“创意空间”版块，是为了让孩子们更好地进行体验性、参与性学习，让孩子们的想象力自由地驰骋。每上完一课，孩子们心中有情、脑中有画、手中有笔，可以立即把自己的理解和想法都表现出来。

三、目标明确，积少成多

关于《中华国学课本》的使用，我们有如下建议。

一、二年级：每周利用一节正式语文课，上《中华国学课本》一课。另外利用每天的晨读时间逐渐完成《三字经》、《弟子规》、《千字文》、《百家姓》的背诵。

三、四年级：每周用一节正式语文课，上《中华国学课本》一到两课。用每天的晨读时间完成《声律启蒙》、《笠翁对韵》以及《大学》、《论语》节选的背诵。

五、六年级：每周用一节正式语文课，上《中华国学课本》一到两课。用每天的晨读时间完成《中庸》、《诗经》、《论语》、《孝经》、唐诗、宋词的选背。

这样，学生从一年级起至六年级，六年间可积累诵读约 300 多首古诗文和部分整本的经典名著。相信这些优秀篇目的学习，必将提升孩子们儒雅淳静的气质，为孩子们以后的“薄发”奠定比较扎实的基础。

四、家校互动，有效评价

在课程学习中，引入评价环节，提倡师生同评、学生自评、同伴互评、亲子共评，设置针对学生学习、教师教学、班级整体情况的测评表。

一是设计了针对学生的《中华国学课本》学习情况测评表（见附表 1），评分标准采用百分制，具体要求包括：1. 集体诵读展示，所有同学参与；2. 诵读时字正腔圆，声情并茂；3. 诵读形式多样，趣味性强；4. 分组表演中，大方自信，各展所长；5. 对《中华国学课本》的熟悉程度；6. 能进行个性创作，书、画整洁漂亮。

二是设计了针对教师使用的《中华国学课本》教学情况明细表（见附表 2）。

三是设计了针对班级整体的《中华国学课本》班级情况测评表（见附表 3），评分采用“优、良、中”等级制，具体要求为：1. 优：95% 的同学能熟练背诵，节奏感强 ；2. 良：90% 的同学能通背，正确、通顺、流畅；3. 中：80% 的同学能通背，正确、通顺、流畅。

附表 1：

《中华国学课本》学习情况测评表

班　级	诵　读	表　演	创　作	综合得分

附表 2：

《中华国学课本》教学情况明细表

<table>
<tr><td>年级 / 班级</td><td></td><td>授课老师</td><td></td><td>学生人数</td><td></td></tr>
<tr><td>规定课时</td><td></td><td>已上课时</td><td></td><td>补上课时</td><td></td></tr>
<tr><td rowspan="3">教学完成情况</td><td>学一带一</td><td colspan="4"></td></tr>
<tr><td>涂鸦创作</td><td colspan="4"></td></tr>
<tr><td>师生评价</td><td colspan="4"></td></tr>
<tr><td rowspan="4">抽查效果</td><td>熟练通背人数</td><td colspan="4"></td></tr>
<tr><td>古诗背诵效果</td><td colspan="4"></td></tr>
<tr><td>古文背诵效果</td><td colspan="4"></td></tr>
<tr><td>韵文背诵效果</td><td colspan="4"></td></tr>
<tr><td>教师教学感悟、意见及建议</td><td colspan="5"></td></tr>
</table>

附表 3：

《中华国学课本》班级情况测评表

班级人数情况			诵读效果			创作效果	
班级	应到人	实到人	古诗	古文	韵文	涂鸦	诗、文创作

张庆华

2013 年 3 月

古诗

这一册我们开始走进我国历史上现存的第一部诗歌总集——《诗经》。一首《芣苢》为我们展现了中国古代妇女的勤劳和劳作中的喜悦与快乐；另一首《木瓜》让我们从古人的生活信条中明白“情义无价”。这一册还节选了长篇叙事诗《木兰诗》，我们可以从木兰身上学会如何体谅父母和承担家庭责任。《立秋日》让我们了解初秋的天气特点，《四时田园杂兴》描绘了一幅忙碌的乡间农家图，写法上以动衬静，以闲衬忙，足见运笔之巧妙；《偶成》展现了一对老少的快乐趣事，让人忍俊不禁，更让人向往回味。

1 芣苢

诗经·周南

采采芣苢，薄言采之。
采采芣苢，薄言有之。
采采芣苢，薄言掇之。
采采芣苢，薄言捋之。
采采芣苢，薄言袺之。
采采芣苢，薄言襭之。

注释

① 芣苢(fú yǐ)：车前草。
② 掇(duō)：拾，采。
③ 捋(luō)：握。
④ 袺(jié)：手提着衣襟兜东西。
⑤ 襭(xié)：把衣襟掖在衣带间兜东西。

诗意体悟

这是一群妇女采集车前子时所唱的歌。夏天车前草都结子了，妇女们结伴采摘。她们一边采摘车前子，随手放进提起的衣兜，一边唱着欢快的歌谣。妇女们娴熟的采摘动作随着歌谣的节奏，如高歌曼舞，正体现了她们劳作的喜悦与快乐。

阅读提示

这首诗富有很强的节奏感，在不断反复和重叠中，抒发了妇女们劳动的热情及享受劳动的快乐。朗读时可以节奏明快地击掌玩读，也可以轻松活泼地分组对唱，更可以融于游戏中悠然自得地吟诵。

1. 我会和小伙伴一起读、说、背、吟、唱、演。互相评一评。（涂红花朵表示）

同伴评一评：　很好　好　须努力

2. 书写练习：照样子书写下面的文字。

采采芣苢，薄言掇之。采采芣苢，薄言捋之。

采采芣苢，薄言袺之。采采芣苢，薄言襭之。

3.诗情画意显身手。（我可以涂画、作诗、写对联）

2 木瓜

诗经·卫风

投我以木瓜，报之以琼琚。
匪报也，永以为好也！
投我以木桃，报之以琼瑶。
匪报也，永以为好也！
投我以木李，报之以琼玖。
匪报也，永以为好也！

注释

① 投：此作赠送，给予。
② 报：报答。
③ 琼琚（qióng jū）、琼瑶、琼玖：美玉、美石之通称。

诗意体悟

这是一首饱含深情的诗歌。诗人用重章叠句的手法，反复咏唱互赠信物，抒发了彼此珍重的浓浓情意。“你给我木瓜，我回赠你的是无瑕的美玉”，可这也难以回报你对我的一片真情啊！贵重的物品又怎么能替代你我间的真诚情意？

这首诗从章句结构上看很有特色，诗句体现出一种跌宕有致的韵味。朗读时音调抑扬顿挫，要饱含愉悦与互道珍重的感激之情。

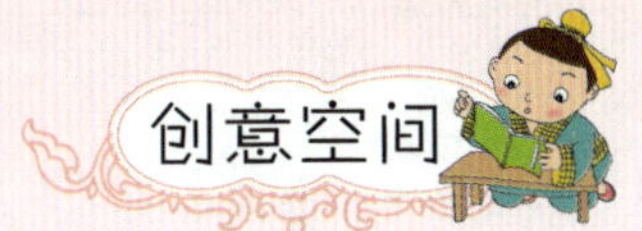

1. 我会和小伙伴一起读、说、背、吟、唱、演。互相评一评。（涂红花朵表示）

同伴评一评：

2. 书写练习：照样子书写下面的文字。

投我以木李，报之以琼玖。

匪报也，永以为好也！

3.诗情画意显身手。（我可以涂画、作诗、写对联）

3 木兰诗（节选）

北朝民歌

唧唧复唧唧，木兰当户织。
不闻机杼声，惟闻女叹息。
问女何所思，问女何所忆。
女亦无所思，女亦无所忆。
昨夜见军帖，可汗大点兵。
军书十二卷，卷卷有爷名。
阿爷无大儿，木兰无长兄。
愿为市鞍马，从此替爷征。

注释

① 军贴、军书：征兵的文书。
② 可汗：少数民族对君主的称呼。
③ 爷、阿爷：都是指父亲。

诗意体悟

《木兰诗》是一首长篇叙事诗，全诗共有六个部分，这是第一部分。木兰从小乖巧听话，是一个勤劳的姑娘。北朝时期，边关告急，朝廷招兵御敌。有一天，衙门里的差役送来了征兵的通知，要征木兰的父亲去当兵。父亲年迈，又怎能参军打仗呢？木兰没有哥哥，她不忍心让年老的父亲去受苦，于是决定女扮男装，代父从军。

这首诗具有浓郁的民歌特色。虽然写的是战争题材，但着墨较多的却是生活场景和儿女情态，富有生活气息。“谁说女子不如男”，木兰女扮男装代父从军，她走出闺房，奔向万里疆场。她承担的不只是家庭的责任，还有报效祖国的雄心壮志。朗读时语调铿锵有力，饱含对木兰的敬仰与赞美之情。

1. 我会和小伙伴一起读、说、背、吟、唱、演。互相评一评。（涂红花朵表示）

同伴评一评：  

2. 书写练习：照样子书写下面的文字。

问女何所思，问女何所忆。

女亦无所思，女亦无所忆。

3.诗情画意显身手。（我可以涂画、作诗、写对联）

4 立秋日

〔宋〕刘　翰

乱鸦啼散玉屏空，
一枕新凉一扇风。
睡起秋声无觅处，
满阶梧叶月明中。

注释

① 啼散：啼叫着飞散。
② 玉屏：玉饰屏风。

诗意体悟

立秋时节，暮色渐浓，秋风乍起，给人带来初秋的一丝凉意。半夜醒来周围寂静得很，秋声反而失去了踪影，只有落满台阶的梧桐叶被笼罩在月色中，勾起了诗人的千思万绪。

立秋是二十四节气之一，在农历七月初一前后。诗歌用秋风、秋声、秋叶渲染出立秋时节的一丝“新凉”。全诗围绕一个“秋”字，逐层展开描述，绘出了无限秋意。朗读时语气应舒缓绵长，给人以夏去秋来的向往，又给人以秋风扫落叶的淡淡忧伤。

创意空间

 1. 我会和小伙伴一起读、说、背、吟、唱、演。互相评一评。（涂红花朵表示）

 同伴评一评：  很好  好 须努力

 2. 书写练习：照样子书写下面的文字。

乱鸦啼散玉屏空，一枕新凉一扇风。

睡起秋声无觅处，满阶梧叶月明中。

 3.诗情画意显身手。（我可以涂画、作诗、写对联）

5　四时田园杂兴

〔宋〕范成大

蝴蝶双双入菜花，
日长无客到田家。
鸡飞过篱犬吠窦，
知有行商来买茶。

注　释

① 篱：篱笆。
② 犬吠（quǎn fèi）：狗叫。
③ 窦（dòu）：洞。

诗意体悟

这首诗展现的是一幅晚春乡间农家图。晚春，田野里一片片金黄的油菜花，蝴蝶在菜花间自由自在地飞舞。突然，一阵鸡飞狗叫打破了乡村的恬静，原来是买茶的行商到乡间来做买卖了。

阅读提示

这首诗最大的特点是以动来反衬静。首句写动景，但它却加深了“日长无客到田家”的静，可朗读得舒缓一些，体现乡村的恬静；三、四句写动，一阵鸡飞狗叫打破了往日的平静，给平和的生活添加了几分活力，节奏明快起来，体现出行商到来时农家出门迎接的热闹场面。

 1. 我会和小伙伴一起读、说、背、吟、唱、演。互相评一评。（涂红花朵表示）

同伴评一评：  很好  好  须努力

 2. 书写练习：照样子书写下面的文字。

蝴蝶双双入菜花，日长无客到田家。

鸡飞过篱犬吠窦，知有行商来买茶。

 3.诗情画意显身手。（我可以涂画、作诗、写对联）

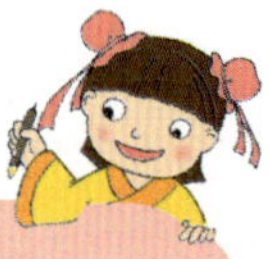

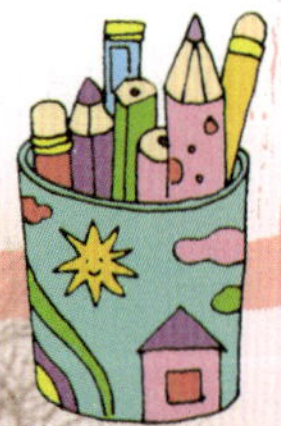

6 偶 成

〔清〕尹似村

娇儿呼阿爷，
树上捉蝴蝶。
老眼看分明，
霜粘一黄叶。

初冬的一天，老人正在庭院里逗小孩玩耍。忽然，小孩小手一指，要老人捉住树上那只蝴蝶。老人急忙抬眼望去：哟！那哪是蝴蝶啊，那是一片轻轻摇动的带霜的黄叶。

这首诗极富生活情趣。娇儿年幼无知，把带霜的黄叶误认为蝴蝶；因怜爱情至，老人这时竟也“糊涂”了，真的要给小孩捉蝴蝶。可是待看清后才发现那是“霜粘一黄叶”。朗读时既要读出孩童的天真、好奇，又要体现老人的童心未泯。

创意空间

 1. 我会和小伙伴一起读、说、背、吟、唱、演。互相评一评。（涂红花朵表示）

同伴评一评：  很好  好  须努力

 2. 书写练习：照样子书写下面的文字。

娇儿呼阿爷，树上捉蝴蝶。

老眼看分明，霜粘一黄叶。

 3.诗情画意显身手。（我可以涂画、作诗、写对联）

中国古代的嫁娶文化

小朋友们，你曾经跟着父母参加过别人的婚礼吗？如果细心观察的话，你会发现，从新郎去迎接新娘，到婚礼的举行、新郎新娘的穿着等，都是有很多礼仪的要求的。

今天，我们一起了解下中国古代的嫁娶文化，看看这些礼仪对我们现代生活的影响。

一、合二姓之好

在远古时代，我们的祖先分别生活在不同的氏族部落中。想发展氏族，壮大部落，便要结婚生育。传说最早的嫁娶礼仪的制定者是女娲，小朋友们都听过女娲造人的故事吧？

伏羲与女娲

远古的人类生产水平和文明的发展水平都较低，经历过母系社会和父系社会，那时候嫁娶的仪式和制度都还比较落后。

慢慢地，人们清楚了稳定的婚姻和家庭的重要性，于是逐渐形成了一系列神圣的嫁娶仪式。到了周代，人们对于婚姻的重要性和嫁娶的仪式都有了深入的认识和明确的规定。

古人在书中是这样总结婚姻的作用的：“将合二姓之好，上以事宗庙，而下以济后世也。”要知道，在古代，同姓不能结婚，所以古人觉得结婚不仅能使男女两家从原来没有关系变成亲戚，还能使氏族、国家的希望繁衍下去，这可是非常重要的。

二、三书六礼

为了让大家重视婚姻，周代以后，每个朝代都从法律到风俗上约定了一些嫁娶的仪式，最主要的是“三书六礼”的规定和程序。

三书是中国传统嫁娶的礼仪，包括订亲时的“聘书”、男家送贺礼给女家时写礼物清单的“礼书”和迎娶新娘时用的“迎亲书”。

六礼是中国传统嫁娶的六道工序，从求婚到结婚，包括纳采、问名、纳吉、纳征、请期、亲迎六个步骤。

纳采，就是男方先派媒人去女方家里提亲，女方同意后，男方就送礼品，正式求婚；纳采后，男方家请媒人问女方的名字和出生年月日，这是问名；问名后，男方占卜得到吉兆，媒人就重新到女方家里，确定婚姻，这是纳吉；然后男方向女方送聘礼，这叫纳征；送完聘礼后，男方派人告知女家选定的娶亲吉日，征求女家的意见，也就是“请期”；到了约定的成婚日期，新郎亲自去女家迎娶新娘。这就是古代婚嫁的六礼。

这个嫁娶过程礼节繁多，但体现了古人对婚姻的庄重态度。小朋友们，下次你去参加别人的婚礼时，留心看看现在还有哪些“三书六礼”中的礼仪被保留、继承下来了。

（撰稿：广州天河员村小学　温春来）

古文

小德川流，大德敦化。本册古文选编内容自“明德”出发，从四书的“至诚至善”处入注、化育。“诚”乃立身处世之本，因诚而“正己修身”；因诚而“博学、审问、慎思、明辨、笃行”；因诚而友“益者”；也因诚而“自得之”。“善”，德之建也，因善而“孝亲”；也因善而“施惠”。让我们富有创意地读一读，畅所欲言地聊一聊，将“诚”与“善”植于心，践于行。

7 明德（一）

古之欲明明德于天下者，先治其国；欲治其国者，先齐其家；欲齐其家者，先修其身；欲修其身者，先正其心；欲正其心者，先诚其意；欲诚其意者，先致其知；致知在格物。

《大学》节选

注释

① 齐：管理。
② 修：修养。
③ 正：端正。
④ 致：获取。
⑤ 格物：研究事物的原理。

古代有想要彰明光明德性于天下的人，就先要治理好自己的国家；想要治理好自己的国家，就先要整治好自己的家庭；想要整治好自己的家庭，先要修养自身；想要修养自身，先要端正自心；想要端正自心，先要诚实自己的意念；想要诚实自己的意念，先要获得知识；获得知识就在于推究事物的原理。

良好的道德修养是为人的根本，所谓少年智则国智，少年强则国强，立德立志从小做起。此文层层相扣，环环相接，读起来由轻而重，由缓而急。抓住“治”、“齐”、“修”、“正”、“诚”、“致”几个关键字，感受圣贤的道德境界，领悟圣贤“治国、平天下”的“至善”理想。

小 篆

隶 书

草 书

行 书

楷 书

德：会意字。“彳”是表示行走的意思，一双眼睛看着直线，表示看得正、行得直。它指的是“道德”，是人们的内在品质，也可以引申为“心意”，如“同心同德”。

创意空间

1. 我会和小伙伴一起读、说、背、吟、唱、演。互相评一评。（涂红花朵表示）

同伴评一评：

 很好  好  须努力

2. 书写练习：照样子书写下面的文字。

古之欲明明德于天下者，先治其国；欲治其国者，先齐其家；欲齐其家者，先修其身；欲修其身者，先正其心。

3.诗情画意显身手。（我可以涂画、作诗、写对联）

8 明　德（二）

物格而后知至，知至而后意诚，意诚而后心正，心正而后身修，身修而后家齐，家齐而后国治，国治而后天下平。

《大学》节选

懂得了事物的原理才能得到真知，得到真知然后才能意念诚实，意念诚实然后才能心正，心正然后才能提高自身修养，提高了自身修养然后才能整顿好家庭，家庭整顿好了然后才能治理好国家，国家治理好了然后才能使天下太平。

此文与前文内容相照应，顶针的句式读起来真是朗朗上口。格物、致知、诚意、正心、修身、齐家、治国、平天下，逐步推究，层层递进，入字、入心、入境，自能读出其味。要读出大气，读出痛快的感觉。

		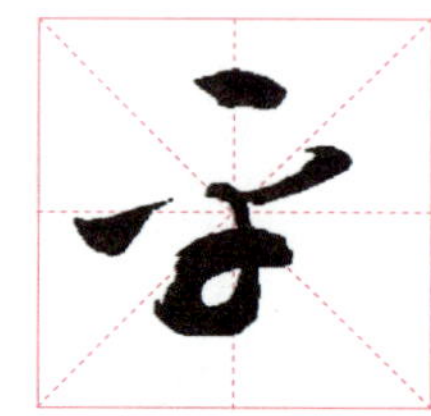		
小 篆	隶 书	草 书	行 书	楷 书

平：由“亏”（yú）和“八”组成，“亏”表示平直的气息，“八”表示均分，合起来则表示气息均匀舒缓，心气很“平和”。

创意空间

1. 我会和小伙伴一起读、说、背、吟、唱、演。互相评一评。（涂红花朵表示）

同伴评一评：  很好  好 须努力

2. 书写练习：照样子书写下面的文字。

物格而后知至，知至而后意诚，意诚而后心正，心正而后身修，身修而后家齐，家齐而后国治，国治而后天下平。

3.诗情画意显身手。（我可以涂画、作诗、写对联）

9 达诚（一）

诚者，天之道也。诚之者，人之道也。诚者，不勉而中，不思而得，从容中道，圣人也。诚之者，择善而固执之者也。博学之，审问之，慎思之，明辨之，笃行之。

注释

① 审：详细。
② 笃：踏实，忠实。

《中庸》节选

诚，是天赋的道理；学习诚，是做人的道理。天生至诚的人，不用勉强而处事就能合理，不假思索而言行就能得当，从从容容的就能符合中庸之道，这就是圣人啊！至于一般学习诚的人，就是择取善事善理而牢牢掌握的人。这种人就要广泛地学习知识，详细地询问事物发展的原因，慎重地加以思考，明确地辨别是非，踏实地去实践。

圣人天生至德，生而有诚，前三句的朗读重音在“诚”上，强调“诚”是道德修习过程中的一种高级精神境界。后一句的朗读重音在“之”上，强调知、行合一，强调一个人只有通过学习才能明白做人的道理，只有把所学的知识去付诸行动，通过实践去不断检验，才能在道德实践的征途上日益前进。

小 篆	隶 书	草 书	行 书	楷 书

审：繁体是“審”。“宀”（mián）表示房屋，中间的“釆”（biàn）表示“辨别”，“口”则是在“审问”，意思就是“在屋里行审”。“审”的本义是“审查”、“细究”。

创意空间

1. 我会和小伙伴一起读、说、背、吟、唱、演。互相评一评。（涂红花朵表示）

同伴评一评： 很好  好 须努力

2. 书写练习：照样子书写下面的文字。

诚之者，择善而固执之者也。

博学之，审问之，慎思之，明辨之，笃行之。

3.诗情画意显身手。（我可以涂画、作诗、写对联）

10 达　诚（二）

有弗学，学之弗能弗措也；有弗问，问之弗知弗措也；有弗思，思之弗得弗措也；有弗辨，辨之弗明弗措也；有弗行，行之弗笃弗措也。人一能之，己百之；人十能之，己千之。果能此道矣，虽愚必明，虽柔必强。

《中庸》节选

有的知识不学则已，学了，学不成就不放下；有的问题不问则已，问了，不理解就不放下；有的事情不思索则已，思索了，没有所得就不放下；有的疑点不分辨则已，分辨了，不明白就不放下；有的工作，不做则已，做了，不切实就不放下。别人一次能做到的，我要做它一百次；别人十次能做到的，我要做它一千次。如果能照这个路数做下去，那么即使是愚昧的人，也一定会变得聪明；即使是柔弱的人，也一定会变得刚强。

此文从学、问、思、辨、行五个方面告诉我们为学处事需有“勤奋不懈”的精神。诵读前两句时，“能”、“知”、“得”、“明”、“笃”要读出坚定不移的语气。诵读后两句时，抓住“人”与“已”，“愚”与“明”，“柔”与“强”，读出对比与变化。

小 篆

隶 书

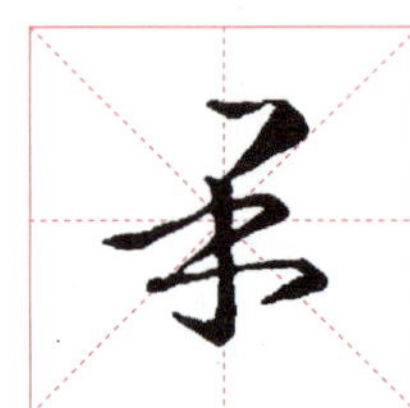
草 书

行 书

楷 书

果：字形像树上结满了果实。因为果实是花开之后结出来的，所以被引申为指事情的结局和成效，如“结果”。果壳很坚硬，所以“果”也表示“果敢”、“坚决”。

创意空间

1. 我会和小伙伴一起读、说、背、吟、唱、演。互相评一评。（涂红花朵表示）

同伴评一评：  很好  好  须努力

2. 书写练习：照样子书写下面的文字。

有弗行，行之弗笃弗措也。人一能之，己百之；人十能之，己千之。果能此道矣，虽愚必明，虽柔必强。

3.诗情画意显身手。（我可以涂画、作诗、写对联）

11 成长

子曰："温故而知新，可以为师矣。"

子曰："吾十有五而志于学，三十而立，四十而不惑，五十而知天命，六十而耳顺，七十而从心所欲，不逾矩。"

注释

① 有：同"又"。
② 立：站得住。

《论语·为政》

孔子说："在温习旧知识时，能有新体会、新发现，就可以当老师了。"

孔子说："我十五岁时，便立定学习的志向；三十岁时，能立身处世；四十岁时，可以免于迷惑；五十岁时，已经能够领悟天命；六十岁时，就可以顺从天命；七十岁时，终于能做到随心所欲而行，且所为都能合于规矩的境界了。"

第一句“温故而知新”是孔子针对学习方法而阐发出的至理名言。此句简短，需读得缓而重，强调“温故”的重要性。第二句是孔子对自己一生的经验总结。诵读时，用心揣摩每个年龄阶段声音的不同韵味，抓住“学”、“立”、“惑”、“知”、“顺”、“从心所欲”，读出成长的变化，可以试着进行对读、接读。

			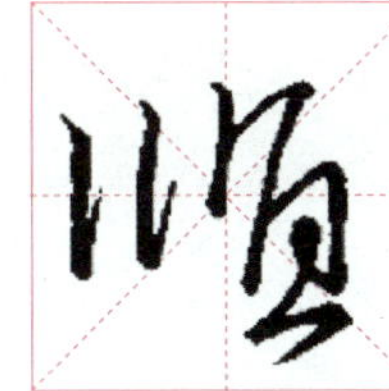	
小 篆	隶 书	草 书	行 书	楷 书

顺：好像一个人俯视着顺流而下的河水，表示沿着河流的方向，这是“顺”的本义。后来它被引申为“顺从”和“协调”，如“风调雨顺”。也可以表示“如意”，如“顺心”。

创意空间

 1. 我会和小伙伴一起读、说、背、吟、唱、演。互相评一评。（涂红花朵表示）

 同伴评一评：  很好  好  须努力

 2. 书写练习：照样子书写下面的文字。

子曰："吾十有五而志于学，三十而立，四十而不惑，五十而知天命，六十而耳顺，七十而从心所欲，不逾矩。"

3.诗情画意显身手。（我可以涂画、作诗、写对联）

12 好 学

子曰："默而识之，学而不厌，诲人不倦，何有于我哉？"

子曰："我非生而知之者，好古，敏以求之者也。"

子曰："盖有不知而作之者，我无是也。多闻，择其善者而从之；多见而识之。知之次也。"

《论语·述而》

注 释

① 识（zhì）：记住。
② 厌：满足。
③ 诲：教诲，教导。
④ 倦：厌倦，懈怠。

孔子说："（把所见所闻的）默默记在心里，努力学习而不厌弃，教导别人而不感到疲倦，这些事情我做到了哪些呢？"

孔子说："我不是生来就有知识的人，而是爱好古代文化，勤奋敏捷地去求得知识的人。"

孔子说："大概有一种自己不懂却凭空造作的人，我没有这种毛病。多多地听，选择其中好的加以接受；多多地看，全记在心里。这样的知，是仅次于'生而知之'的。"

阅读提示

这三句都与学习有关。第一句，孔子告诉我们学习上不能有自满情绪，只有兢兢业业、持之以恒，才能真正地学好。诵读时突出“识”、“学”、“诲人”，结束时，语气往上扬。第二句，应重读“敏”字，突出刻苦学习，勤奋追求的重要意义。第三句，“多闻”、“多见”重读，稍有停顿。强调学习必须多听多见，选择他人长处跟着学，牢记在心。

汉字寻根

小 篆	隶 书	草 书	行 书	楷 书

非：好像小鸟两侧伸展的一对翅膀，其实，它最早的意思就是“飞”。因为两只翅膀是相背的，引申出“违背”的意思，进而引申出“不对”、“不是”等含义。

创意空间

 1. 我会和小伙伴一起读、说、背、吟、唱、演。互相评一评。（涂红花朵表示）

同伴评一评：  很好  好  须努力

2. 书写练习：照样子书写下面的文字。

子曰："盖有不知而作之者，我无是也。多闻，择其善者而从之；多见而识之。知之次也。"

3.诗情画意显身手。（我可以涂画、作诗、写对联）

13 孝亲

子游问孝。子曰："今之孝者，是谓能养。至于犬马，皆能有养；不敬，何以别乎？"

《论语·为政》

子曰："父母之年，不可不知也。一则以喜，一则以惧。"

《论语·里仁》

子游问孝道。孔子说："现在的所谓孝，就是说能够养活爹娘便行了。至于狗、马都能够得到饲养；若不存心严肃地孝顺父母，那养活爹娘和饲养狗马怎样去分别呢？"

孔子说："父母的年纪不能不时时记在心里：一方面因（其高寿）而喜欢，另一方面又因（其寿高）而有所恐惧。"

百善孝为先，代代圣贤皆劝孝。孔子也特别强调孝，第一句以反问的语气强调孝顺父母不在“养”而在“敬”，诵读时重读“敬”，结束语的语调上扬。第二句抓住“喜”、“惧”二字，读出因父母高寿的欢喜，亦读出因父母寿高的担忧。

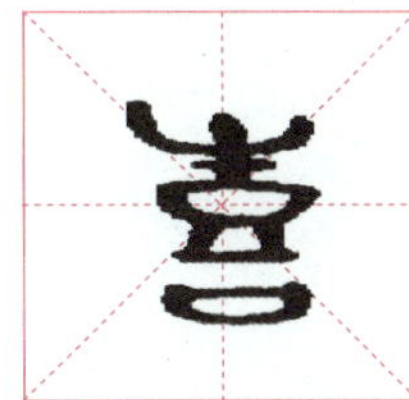				
小　篆	隶　书	草　书	行　书	楷　书

喜：上部是鼓的形状，下面的“口”是用来放鼓的装置。打起鼓来，心情很快乐，“喜”的本义就是“乐”，后来被引申为“喜好”、“喜欢”。

创意空间

 1. 我会和小伙伴一起读、说、背、吟、唱、演。互相评一评。（涂红花朵表示）

 同伴评一评：　 很好　 好　 须努力

 2. 书写练习：照样子书写下面的文字。

子游问孝。子曰："今之孝者，是谓能养。至于犬马，皆能有养；不敬，何以别乎？"

 3.诗情画意显身手。（我可以涂画、作诗、写对联）

14 交　友

孔子曰："益者三友，损者三友。友直，友谅，友多闻，益矣。友便辟，友善柔，友便佞，损矣。"

注　释

① 直：正直。
② 谅：诚实。

《论语·季氏》

孔子说："有益的朋友有三种，有害的朋友有三种。同正直的人交友，同诚信的人交友，同见闻广博的人交友，是有益的。同谄媚逢迎的人交友，同表面奉承而背后诽谤的人交友，同夸夸其谈的人交友，便有害了。"

人生不可能没有朋友，孔子非常看重一个人成长过程中朋友的作用。此文就讲交友之道，与益友交轻松愉悦，与损友交小心谨慎，诵读时带着想象与体验，方能读出其味。抓住"益"与"损"，借助"声"与"情"，读出对比与变化。

小 篆　　隶 书　　草 书　　行 书　　楷 书

友：像两手紧紧地靠在一起，好似旧友重逢。其本义就是“朋友”。在古人心中，凡志同道合之人，则为“友”。它也可以表示“友好”、“友善”等意思。

 1. 我会和小伙伴一起读、说、背、吟、唱、演。互相评一评。（涂红花朵表示）

 同伴评一评： 

 2. 书写练习：照样子书写下面的文字。

孔子曰：“益者三友，损者三友。友直，友谅，友多闻，益矣。友便辟，友善柔，友便佞，损矣。”

3.诗情画意显身手。（我可以涂画、作诗、写对联）

15 自得

孟子曰："君子深造之以道，欲其自得之也。自得之，则居之安；居之安，则资之深；资之深，则取之左右逢其原。故君子欲其自得之也。"

注释

① 资：积累。
② 原：通"源"。
③ 自得：自己有心得体会。

《孟子·离娄下》

孟子说："君子依循正确的方法来得到高深的造诣，就是要求他自觉地有所得。自觉地有所得，就能牢固地掌握它而不动摇；牢固地掌握它而不动摇，就能积累很深；积累很深，便能取之不尽，左右逢源。所以君子要自觉地有所得。"

为学之道，在于自得，以达左右逢源的境界。此文通读时抓住三个“自得之”，读起来如长者之劝诉，缓缓道来，字字珠玑。最后一句的“故”重读，稍作停顿，以便突出“自得之”的重要性。

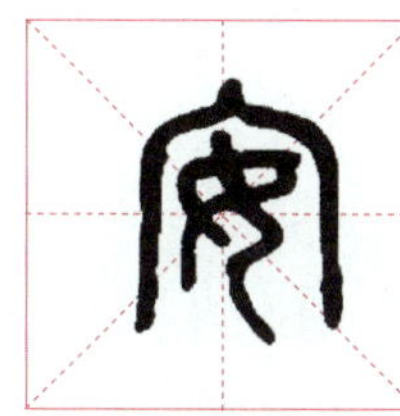

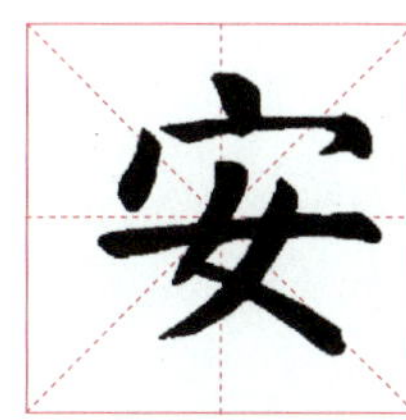

小　篆	隶　书	草　书	行　书	楷　书

安：从字形看，“宀”（mián）表示房子，中间坐着一位少女，房门一关，真是平安又舒适。安的本义就是“平安”。

创意空间

1. 我会和小伙伴一起读、说、背、吟、唱、演。互相评一评。（涂红花朵表示）

同伴评一评：

很好　好　须努力

2. 书写练习：照样子书写下面的文字。

君子深造之以道，欲其自得之也。自得之，则居之安；居之安，则资之深；资之深，则取之左右逢其原。

3.诗情画意显身手。（我可以涂画、作诗、写对联）

16 存 心

宜未雨而绸缪①，勿临渴而掘井。

施惠勿念，受恩莫忘。

善欲人见，不是真善；恶恐人知，便是大恶。

《朱子家训》节选

注 释

① 绸缪(móu)：事前做好准备工作。

凡事要先做好准备工作，不要等到口渴了才想起来挖井。

施恩惠给别人，心里不要老记着；而接受了别人的恩惠，一定要想着报答。

一个人做了好事想要别人知道，这不是真正的做好事；一个人做了坏事惟恐他人知道，这种做法更加错误。

《朱子家训》是我国古时的家庭礼教文化精华，习之使人通人事，明事理。此三句均以对比的形式告诫我们如何处事立世。诵读时要突出“宜”与“勿”，“念”与“忘”，“善”与“恶”，读出对比与变化，学习为人处世的正确做法。

小篆

隶书

草书

行书

楷书

雨：象形字。上面一横表示高空的云层，下半部分表示降落的雨水。很多以“雨”为偏旁的字，意思也和雨水有关，如“霜”、“雾”。

创意空间

1. 我会和小伙伴一起读、说、背、吟、唱、演。互相评一评。（涂红花朵表示）

同伴评一评：  很好  好  须努力

2. 书写练习：照样子书写下面的文字。

宜未雨而绸缪，勿临渴而掘井。

善欲人见，不是真善；恶恐人知，便是大恶。

3.诗情画意显身手。（我可以涂画、作诗、写对联）

吉祥与禁忌文化

亲爱的小朋友，你知道吗？每逢年节或者办喜事时，人们就会把最好听、最美好的祝福送给亲人朋友，譬如“祝您吉祥如意”、“祝您大吉大利”等，它是人们追求幸福、美好、平安生活的愿望的表现，也就是吉祥文化的表现。在中国，吉祥符号、图案无处不在，无人不用。

禁忌是一种普遍存在于各民族的观念习俗和文化现象。它起源于原始社会早期，现代社会仍然存在种种禁忌习俗。

一、吉祥文化

吉祥文化表现形式有很多种，今天主要介绍我们最常见的吉祥话和吉祥图案。

吉祥话。常见的有喜联、贺喜词、念喜歌等。嫁娶时要说吉祥话、生子时送贺礼要说吉祥话、生日时送寿礼要说吉祥话……

现如今，人们步入信息时代，传送祝福语也更加便捷了。佳节将至，时逢好事，人们通常以电话、短信或者邮件等形式对亲朋好友发出“吉祥话”以表示诚挚的祝福。

再者是吉祥图案。吉祥图案源于商周，成熟于唐宋，兴盛于明清，长期流传于我国民间和各阶层。现今，吉祥图案在工艺美术、建筑、纺织品图案、居家中仍常见。比如，在民间年画、剪纸、刺绣、织锦、玩具等制作上就多有表现。吉祥图案色彩丰富，构思巧妙，以物寓意，风格独具。

在绵延数千年的中国传统文化长河中，吉祥文化是一条十分重要的支流，是中国优秀传统文化的重要内容。它的核心在于帮助人们更好地生活，激发人们的创造性，凡是人们认为好的东西，都会表现在吉祥文化之中，构成了吉祥文化永恒的主题。

二、禁忌文化

最有意思的是交往礼仪禁忌。在生活中，我们要学会这些交往文化，以尊重、友好、平等、利人为原则，知道在称呼、馈赠、做客、待客等方面的禁忌习俗，否则，要闹出不少笑话呢。比如不能直呼长辈、尊者的姓名，而要使用亲属称谓或敬语。在赠送礼品时，给结婚的人送双不送单；给丧家不送缎子（与“断子”谐音）；给商家不送茉莉（“没利”的谐音）；给病人不送剑兰（与“见难”谐音），要送苹果、桔子、桃、栗，表示平安吉利，逃离病灾；除丧事外，一般不送菊花，人们多以菊花为丧话。这些文化我们都要知道。

居住禁忌也很特别。中国许多民族在建房、搬迁、居室内的格局与陈设等方面都有相应的禁忌习俗。房门的朝向、神龛的位置，厕所、卧室的位置都有讲究。

节日禁忌最严谨。如年节时什么时候应祭祖，什么时候给老人拜年，哪一天应去访亲会友，什么时候可以动火，什么时间不能扫地，什么日子吃什么饭等都有所要求。

随着现代科学技术的发展，人们越来越多地认识了自然界和人类社会的发展规律，思想越来越解放，行动越来越自由，因而出于迷信的禁忌越来越少。

（撰稿：广州越秀东风西路小学　朱雪英）

声律

经过前面的学习，我们已经掌握了一定的韵文学习方法，对韵文也有了简单的认识。所以在这一册里，我们除了继续学习《声律启蒙》的节选内容外，还要开始进行新的尝试——自己编写小韵文或顺口溜，在涂鸦的基础上进行简单的对联和韵文创作。

这一阶段的韵文学习，同学们可以通过四个小典故来编生活歌谣；也可以用短小精悍、易于理解和记忆的短句、短文跟着老师学一带一。同学们，加油！不断努力，认真体会，老师期待着你们的妙言佳句哦。

17 声律启蒙 · 四支（节选）

戈对甲，鼓对旗，紫燕对黄鹂。梅酸对李苦，青眼对白眉。

三弄笛，一围棋，雨打对风吹。海棠春睡早，杨柳昼眠迟。

张骏曾为槐树赋，杜陵不作海棠诗。晋士特奇，可比一斑之豹；唐儒博识，堪为五总之龟。

注　释

① 戈：古时兵器。
② 甲：古时的铠甲。

管中窥豹

东晋著名书法家王羲之的儿子王献之，小的时候很聪明，但对樗蒲（chū pú，古代的一种游戏）却不精通。一次，他看到几个人正在玩樗蒲，就在一旁指手画脚地说："你要输了。"那个人不高兴地看了他一眼说："这个小孩就像从管子里看豹，只看见豹身上的一块花斑，看不到全豹。"

本篇文字精致，意境优美，内容丰富，融合形象、色彩、味觉、意境、常识、典故等意象，自然含蓄，恬淡活泼，超越言象之外，令人悠然神会而余味无穷，读时要体味诗中的形象、色彩、动作等，用心读出诗意。

1. 我会和小伙伴一起读、说、背、吟、唱、演。互相评一评。（涂红花朵表示）

同伴评一评：   

2. 书写练习：照样子书写下面的文字。

戈对甲，鼓对旗，紫燕对黄鹂。

梅酸对李苦，青眼对白眉。

海棠春睡早，杨柳昼眠迟。

3.诗情画意显身手。（我可以涂画、作诗、写对联）

18 声律启蒙·五微（节选）

声对色，饱对饥，虎节对龙旗。杨花对桂叶，白简对朱衣。

尨也吠，燕于飞，荡荡对巍巍。春暄资日气，秋冷借霜威。

出使振威冯奉世，治民异等尹翁归。燕我弟兄，载咏棣棠韡韡；命伊将帅，为歌杨柳依依。

注释

① 尨（máng）：杂色长毛狗。

② 韡韡（wěi）：鲜明茂盛的样子。

做官清廉尹翁归

西汉时人尹翁归，为官公正廉洁。一次，在赴任东海郡太守前，向他的上级于定国辞行。于定国想托他照顾两个同乡的孩子，但尹翁归却只谈东海郡的治理意见，以致于定国始终不敢提及引见的事。尹翁归离开之后。于定国对这两个人说：“他是个贤良的官员。你们没有什么本事，我不能靠私交求他照顾。”

本篇给人的整体感觉是非常大气，“虎节龙旗”、“龙吠燕飞”、“秋冷霜威”、“燕我弟兄”、“命伊将帅”、“棣棠韡韡”、“杨柳依依”……华丽的辞藻，营造了一个开阔壮丽的境界，读时要把握好韵律的轻重缓急，读出气势，读出文中开阔壮观的意境。

 1. 我会和小伙伴一起读、说、背、吟、唱、演。互相评一评。（涂红花朵表示）

 同伴评一评：  很好  好  须努力

 2. 书写练习：照样子书写下面的文字。

声对色，饱对饥，虎节对龙旗。

杨花对桂叶，白简对朱衣。

春暄资日气，秋冷借霜威。

3.诗情画意显身手。（我可以涂画、作诗、写对联）

19 声律启蒙·六鱼（节选）

麟对凤，鳖对鱼，内史对中书。犁锄对耒耜，畎浍对郊墟。

犀角带，象牙梳，驷马对安车。青衣能报赦，黄耳解传书。

庭畔有人持短剑，门前无客曳长裾。波浪拍船，骇舟人之水宿；峰峦绕舍，乐隐者之山居。

注　释

① 耒耜(lěi sì)：古代翻土农具。

② 畎浍（quǎn kuài）：田间水沟，泛指溪流、沟渠。

陆机黄耳能送信

晋初大诗人陆机养了一只善解人意的狗，名叫“黄耳”。陆机在京城当官，远离故乡，一直没通家信，想找个捎信的，却一直没找到。

有一天，他对黄耳说：“你替我带信回家去，这回可要靠你喽。”于是就写了一封信，装入竹筒，绑在黄耳的身上。黄耳立即冲了出去，翻山越岭，日夜不停地赶路。二十天后，黄耳憔悴地返回了，并带回了家书。后来，黄耳死了，陆机把它安葬，并把安葬黄耳的墓称为“黄耳冢”。

本篇蕴涵着丰富的“诗趣”。物有物趣，景有景趣，事有事趣、情有情趣，展现了古人的生活雅趣。读时要用心体会诗中的“趣”，陶醉其中，读出情致韵味。

 1. 我会和小伙伴一起读、说、背、吟、唱、演。互相评一评。（涂红花朵表示）

 同伴评一评：  很好  好  须努力

 2. 书写练习：照样子书写下面的文字。

犀角带，象牙梳，驷马对安车。

青衣能报赦，黄耳解传书。

庭畔有人持短剑，门前无客曳长裾。

3.诗情画意显身手。（我可以涂画、作诗、写对联）

20 声律启蒙·七虞（节选）

金对玉，宝对珠，玉兔对金乌。孤舟对短棹，一雁对双凫。

横醉眼，捻吟须，李白对杨朱。秋霜多过雁，夜月有啼乌。

日暖园林花易赏，雪寒村舍酒难沽。人处岭南，善探巨象口中齿；客居江左，偶夺骊龙颔下珠。

注释

① 玉兔：传说月中有玉兔，后用玉兔代指月亮。

② 金乌：传说日中有三足乌，后用金乌代指太阳。

探骊得珠

《庄子》中有这样一个故事：河上翁之子善游泳，曾在海底得到价值连城的一颗夜明珠。他对父亲河上翁说："我再去摘颗这样的珠子，就衣食无忧了。"河上翁说："这是骊龙下巴下的珠子，你得到它，是因为它在睡觉。不然，性命难保！为了财物，丢了命，值得吗？"儿子听了，点头称是。

本篇将传说常识、天文地理等用精警的词句融为一体，“孤舟短棹”、“一雁双凫”、“秋霜过雁”、“夜月啼乌”、“园林赏花”、“寒村沽酒”等意象让韵文整体意境清远，情致风雅。读时注意词的轻重缓急，读出情、意、境。

1. 我会和小伙伴一起读、说、背、吟、唱、演。互相评一评。（涂红花朵表示）

同伴评一评：  很好  好  须努力

2. 书写练习：照样子书写下面的文字。

秋霜多过雁，夜月有啼乌。

人处岭南，善探巨象口中齿；

客居江左，偶夺骊龙颔下珠。

3.诗情画意显身手。（我可以涂画、作诗、写对联）

重阳节

小朋友，你读过唐代大诗人王维的诗吗？他年轻的时候独自在外，到了重阳节的时候，特别思念他的亲人，于是就写了一首流传千古的诗——《九月九日忆山东兄弟》："独在异乡为异客，每逢佳节倍思亲。遥知兄弟登高处，遍插茱萸少一人。"

关于重阳节的来历和风俗习惯，你了解多少呢？

一、重阳节的名称、时间

农历九月初九日是重阳节，也叫登高节，是我国民间的一个传统节日。为什么叫重阳呢？原来，我国的古典哲学著作《易经》中把"九"定为阳数，九月初九，两九相重，因此叫重阳，也叫重九。重阳节是个祭祖和敬老的节日，在2012年12月28日，法律明确规定每年农历九月初九日（重阳节）为老年节。

二、重阳节的传说

传说重阳节来源于道教的一个神仙故事，说的是东汉时期，汝南县的汝河里住着一个瘟魔，每年都要出来到人间游走。它游走到哪里就把瘟疫带到哪里。这一年，瘟魔来到了汝河，两岸害起了瘟疫，很多百姓都病倒了，尸首遍地，没人掩埋，景象十分凄惨。

茱萸

汝南县一个叫桓景的小伙子，他为了消除瘟疫，就拜大仙费长房为师。有一年，费长房告诉桓景，九月九日汝河又将有瘟魔出来祸害百姓。于是，桓景带着师傅送的茱萸叶子和菊花酒回家。回到家，按师傅的吩咐，把茱萸叶子和菊花酒，分发给乡亲们，并让大家到高山上避祸。瘟魔看到高山上聚集了很多人，很高兴，但刺鼻的菊花酒气味和芳香的茱萸叶味道，让瘟魔不能靠近。于是桓景抓住机会把瘟魔给消灭了。

菊花

从此以后，汝河两岸的百姓，再也不受瘟魔的侵害了。从那时起，人们就过起重阳节来，于是就有了重九登高的风俗。

三、重阳节的风俗

重阳节一开始是流行于民间，在唐朝被定为正式节日之后，宫廷和民间便都在节日期间举行各式各样的活动。如健身祛病的登高；赋诗雅集、祈求长寿的赏菊；祛灾祈福的饮菊花酒；佩茱萸祛病驱邪；庆祝丰收、步步高升的吉祥年糕等。后来有些地方把这天定为“敬老节”、“老人节”，在外的游子便格外地思念家乡的亲人。真是“每逢佳节倍思亲”啊!

四、重阳节的意义

重阳节是一个传统节日，在今天依然有重要的现实意义。节日只是一天，但是祛病避邪、健康长寿是我们每年、每天的的追求，敬老爱老的优良传统我们要传承下去。

（撰稿：广州番禺洛溪新城小学　徐春燕）

附录：亲子共读

我能将这段诗文的大意或典故讲给家长听。（涂红花朵表示）

第1课　家长评一评：很好　好　须努力

第2课　家长评一评：很好　好　须努力

第3课　家长评一评：很好　好　须努力

第4课　家长评一评：很好　好　须努力

第5课　家长评一评：很好　好　须努力

第6课　家长评一评：很好　好　须努力

第7课　家长评一评：很好　好　须努力

第8课　家长评一评：很好　好　须努力

第9课　家长评一评：很好　好　须努力

第10课　家长评一评：很好　好　须努力

第11课　家长评一评：很好　好　须努力

第12课　家长评一评：很好　好　须努力

第13课　家长评一评：很好　好　须努力

第14课　家长评一评：很好　好　须努力

第15课　家长评一评：很好　好　须努力

第16课　家长评一评：很好　好　须努力

第17课　家长评一评：很好　好　须努力

第18课　家长评一评：很好　好　须努力

第19课　家长评一评：很好　好　须努力

第20课　家长评一评：很好　好　须努力

图书在版编目(CIP)数据

中华国学课本.第5册/张庆华主编.—北京:中华书局,2013.9
(2014.3重印)
(中华诵·经典素读教程系列)
ISBN 978-7-101-09619-4

Ⅰ.中… Ⅱ.张… Ⅲ.中华文化-小学-教学参考资料
Ⅳ.G624.203

中国版本图书馆CIP数据核字(2013)第210616号

书　　名　中华国学课本　第五册
主　　编　张庆华
丛 书 名　中华诵·经典素读教程系列
责任编辑　祝安顺
出版发行　中华书局
(北京市丰台区太平桥西里38号　100073)
http://www.zhbc.com.cn
E-mail:zhbc@zhbc.com.cn
印　　刷　北京瑞古冠中印刷厂
版　　次　2013年9月北京第1版
2014年3月北京第2次印刷
规　　格　开本/889×1194毫米　1/16
印张5　字数15千字
印　　数　5001-10000册
国际书号　ISBN 978-7-101-09619-4
定　　价　18.00元